CATALOGUE

D'OBJETS D'ART

ET DE CURIOSITÉ

TABLEAUX ANCIENS

Des Écoles Hollandaise, Flamande, Française et Italienne

ET QUELQUES

TABLEAUX DE L'ÉCOLE MODERNE

PARMI LESQUELS

Un Dessin par **MEISSONNIER** et un Paysage par **PHILIPPE ROUSSEAU**

PROVENANT DE LA COLLECTION DE M. B***

Dont la vente aura lieu

HOTEL DES COMMISSAIRES-PRISEURS

RUE DROUOT, 5

SALLE N° 4, AU PREMIER ÉTAGE

Les Lundi 3 et Mardi 4 Novembre 1862

A UNE HEURE

Par le ministère de **M° CHARLES PILLET**, C^re-Priseur,
rue de Choiseul, 11,

Assisté de **M. FEBVRE**, Expert, rue Laffitte, 12,

Chez lesquels se distribue le présent Catalogue.

EXPOSITION PUBLIQUE

Le Dimanche 2 Novembre 1862, de une heure à cinq heures.

PARIS

RENOU & MAULDE

IMPRIMEURS DE LA COMPAGNIE DES COMMISSAIRES-PRISEURS
Rue de Rivoli, 144

1862

CATALOGUE

D'OBJETS D'ART

ET DE CURIOSITÉ

TABLEAUX ANCIENS

Des Écoles Hollandaise, Flamande, Française et Italienne

ET QUELQUES

TABLEAUX DE L'ÉCOLE MODERNE

PARMI LESQUELS

Un Dessin par **MEISSONNIER** et un Paysage par **PHILIPPE ROUSSEAU**

PROVENANT DE LA COLLECTION DE M. B***

Dont la vente aura lieu

HOTEL DES COMMISSAIRES-PRISEURS

RUE DROUOT, 5

SALLE N° 4, AU PREMIER ÉTAGE

Les Lundi 3 et Mardi 4 Novembre 1862

A UNE HEURE

Par le ministère de Me **CHARLES PILLET**, C^{re}-Priseur,
rue de Choiseul, 11,

Assisté de **M. FEBVRE**, Expert, rue Laffitte, 12,

Chez lesquels se distribue le présent Catalogue.

EXPOSITION PUBLIQUE

Le Dimanche 2 Novembre 1862, de une heure à cinq heures.

1862

CONDITIONS DE LA VENTE

Elle sera faite au comptant.

Les Acquéreurs paieront CINQ pour CENT, en sus du prix d'adjudication, applicables aux frais de vente.

DÉSIGNATION

OBJETS ANTIQUES

1 — Grande statuette grecque en marbre de Paros : la Renommée tenant une couronne. Pièce très-belle et du plus gracieux aspect.

2 — Grande statuette en bronze : la déesse Isis debout.

3 — Plusieurs bas-reliefs romains représentant des combats. Terres cuites.

4 — Plusieurs divinités égyptiennes, verroteries, scarabées, etc., etc.

IVOIRES DES XIIe, XVe & XVIIe SIÈCLES

5 — Très-beau groupe en ivoire, travail du XIIe siècle : la Vierge assise tenant sur ses genoux l'Enfant Jésus, auquel elle offre une pomme.

OEuvre remarquable et de premier ordre en son genre.

6 — Trois frises du XIIe siècle en ivoire sculpté avec portiques à pleins ceintres et à chapiteaux. Sous ces portiques à jour sont debout les douze apôtres, puis saint Denis, saint Rustic et saint Eleuther.

Très-bonnes pièces provenant d'un autel portatif.

7 — Figurine en ivoire : la Vierge tenant l'Enfant Jésus, travail français du XVIIe siècle.

8 — Enfant fossoyeur, figurine en ivoire, travail de Nuremberg, fin du XVIe siècle.

9 — Bas-relief gothique en ivoire : la Nativité.

10 — Bas-relief gothique en ivoire : la Vierge, l'Enfant Jésus et deux anges.

11 — Diptyque gothique en ivoire : la Naissance et la Mort de Jésus.

12 — Coupe en ivoire avec frise, travail de l'époque de Louis XIV.

13 — Ancien coffret indien en ivoire, très-riche d'ornementation.

14 — Têtes d'hommes et de femmes en ivoire, fragment de chapelet du XVIe siècle.

15 — Très-beau bas-relief italien : la Vierge, le Christ mort et deux Anges.

16 — Autel portatif byzantin, orné de plaques en cuivre émaillé et de bas-reliefs en ivoire, représentant des sujets religieux et les apôtres.

17 — Quelques pièces en ivoire, plaques, bas-reliefs et figurines.

ÉMAUX

18 — Plaque ronde légèrement bombée en émail de Limoges colorié et à paillons, avec double sujet : Vénus et Adonis, et Narcisse à la fontaine.

19 — Belle plaque en émail de Limoges coloriée et à paillons, représentant le Christ entre les larrons ; au pied de la croix, les Saintes Femmes et Saint Jean.

Hauteur, 30 c.; Largeur, 22 c.

20 — Blason en cuivre émaillé aux armes de Diane de Poitiers.

21 — Plusieurs médaillons en émail de Limoges et de Genève.

BIJOUX & TABATIÈRES

22 — Broche en or avec miniature : Napoléon Ier passant une revue.

23 — Bague renaissance en or, ornée de rubis.

24 — Bague Louis XV avec petit portrait de femme.

25 — Dix bagues d'époques diverses en or et argent, avec pierres et émaux.

26 — Reliquaire gothique en argent.

27 — Petit chapelet du XVIe siècle, monture en or.

28 — Plusieurs bijoux anciens.

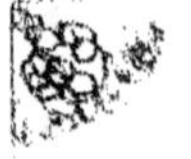

29 — Petit cadre ovale renaissance en argent.

30 — Plusieurs cachets anciens en argent et en fer ciselé.

31 — Quelques épingles en or et en argent, ornées de pierres.

32 — Tabatière en ivoire, cercle en or entourant une miniature, portrait de femme.

32 *bis*. — Une boîte en écaille doublée d'or ornée d'un médaillon en émail, genre de Petitot : Le portrait de Mme de Sévigné.

33 — Plusieurs tabatières ornées de miniatures, de camées et de fixés.

BOIS SCULPTÉS

34 — Petite croix de Nuremberg en bois sculpté avec niches représentant diverses scènes de la Passion.

35 — Trois petits bas-reliefs en bois sculpté : Sujets allégoriques.

36 — Bouquet de fleurs en bois sculpté, travail très-fin de l'époque de Louis XVI.

BRONZES

37 — Bacchus debout et Bacchante, statuettes en bronze, genre de Clodion.

38 — Enfant debout, charmante statuette en bronze florentin.

39 — Vénus Callipyge, statuette en bronze.

ARMES

40 — Un pistolet espagnol avec riche monture en cuivre ciselé.

41 — Batterie de fusil en fer champ-levé.

42 — Partie de cuirasse du XVIe siècle, belle gravure.

43 — Yatagan avec poignée et fourreau en argent, finement ciselé.

44 — Autre yatagan, même genre que le précédent.

45 — Six épées de diverses époques damasquinées et ciselées.

46 — Un casque sarrasin.

MEUBLES & PENDULES

47 — Grand meuble en ébène de l'époque de Louis XIII, enrichi d'ornements et de moulures guillochées; panneaux à sujets : Joseph et Putiphar et Joseph expliquant les songes ; à l'intérieur, quatorze tiroirs, un monument en marqueterie de bois et d'autres tiroirs.

48 — Grand meuble Renaissance à fronton, orné de
niches avec figures, mascarons et animaux
chimériques ; les panneaux, en bois mar-
queté, offrent des édifices et des instruments
de musique

49 — Très-beau régulateur, mouvement par Janvier ;
gaine en bois de rose avec ornements en
bronze doré très-finement ciselés.

50 — Mouvement de régulateur monté sur glace.

51 — Pendule Louis XVI en cuivre doré mat et
marbre blanc avec cassolettes et vase ; cadran
marchant.

52 — Pendule en bronze doré de l'époque de
Louis XVI, avec sujet : Jeune Femme et
Amour.

53 — Une glace dans son cadre sculpté et doré,
de l'époque de Louis XIV.

OBJETS DIVERS

54 — Pyramide en cristal de roche.

55 — Deux socles carrés formés par de grandes plaques en jade vert, monture chinoise en
bronze doré.

56 — Grande sardoine intaille gravée, douze figures :
Offrande à l'Amour.

57 — Ancien chapelet vénitien en corail et autres
matières, avec monture et croix en argent.

58 — Vitrail en grisaille, avec sujet : la Présenta-
tion au Temple.

58 *bis*. — Ancienne pipe allemande en bois sculpté,
garniture en argent.

59 — Grand bas-relief en albâtre, époque de la Renaissance : le Christ entre les deux larrons.
Grand nombre de figures et de cavaliers.

60 — Fragment de rouet en cuivre de l'époque de
Louis XV.

61 — Buires, plats et autres objets en anciennes
faïences de diverses fabriques.

62 — Une croix et autres pièces en cristal de roche.

63 — Plat et figurine en faïence, de Palissy.

64 — Divers portraits anciens, miniatures à l'huile et
sur ivoire.

65 — Gouaches anciennes.

66 — Sous ce numéro, les objets omis.

TABLEAUX ANCIENS

ÉCOLE FRANÇAISE

BLONDEL.

67 — Première pensée du plafond de la salle de Diane, au château de Fontainebleau.

BOULLONGNE (Louis).

68 — La Sainte Famille.

LANCRET (Nicolas).

69 — Couples amoureux et musiciens dans un parc. Composition gravée sous le titre de : Récréation champêtre.

LANTARA.

70 — Paysage avec effet d'incendie.

PRUD'HON.

71 — L'âme quittant la terre. Charmante esquisse. Sujet gravé sous ce titre : L'Ame.

PRUD'HON (Attribué à).

72 — Jeune dame assise sur un canapé recevant les caresses d'une colombe.

THÉAULON.

73 — Le Moulin de Charenton.

VANLOO (C.).

74 — Femme orientale.

ÉCOLES HOLLANDAISE & FLAMANDE

BERGHEM (Nicolas).

75 — Le Passage du gué.

>Sur le devant, des animaux traversent un gué conduits par un pâtre et deux villageoises ; dans le fond, belle campagne italienne entrecoupée de montagnes.

BREUGHEL de Velours.

76 — Le Christ en croix entre les deux larrons.
Composition offrant une multitude de personnages très-finement exécutés.

COQUES (Gonzalez).

77 — Petit portrait sur cuivre d'un personnage hollandais.

DIEPENBECKE.

78 — La Vision de saint Paul.

DEVRIES ET BRAKENBURG.

79 — Jeune femme et cavaliers assis à l'entrée d'un
bois.

GRIFF (Adrien).

80 — Oiseaux morts.

HOLBEIN (Hans).

81 — Portrait d'un personnage allemand.

PEETERS (Bonaventure).

82 — Mer agitée.

PORBUS (F.).

83 — Portrait de la belle Gabrielle. Miniature.

84 — Portrait d'une dame de l'époque de Henri IV.
Miniature.

STEEN (Attribué à Jean).

85 — Les Joueurs de boules. Sujet gravé.

TENIERS (David), le fils.

86 — Orphée charmant les animaux.
Grande composition pastiche imitant le
faire de Van Balem.

ÉCOLE ITALIENNE

CANALETTI (D'après).

87 — Deux Vues de la place Saint-Marc, Venise.

CARRACHE (Attribué à A.).

88 — Cupidon armé.

DOMINICO (Zampieri).

89 — Sainte Cécile chantant des hymnes au Seigneur. Peinture sur pierre.

FÉTI (Dominico).

90 — Le bon Samaritain.

RAPHAEL (Sanzio).

91 — Apollon et les Muses ; près d'eux, des philosoques antiques, puis le Dante et d'autres personnages.

Collection Quedeville, n° 74 du Catalogue, vente du 31 mars 1852.

ÉCOLE ESPAGNOLE.

92 — Figure allégorique.

ANCIENNE ÉCOLE FLAMANDE.

93 — La Vierge et l'Enfant Jésus.

ANCIENNE ÉCOLE FRANÇAISE.

94 — Portrait d'une jeune femme de la cour de Charles IX. Miniature sur vélin.

ANCIENNE ÉCOLE DE BRUGES.

95 — La Vierge et des anges adorant Jésus.

TABLEAUX DE L'ÉCOLE MODERNE

BIDAUD.

96 — Paysage, site italien.

CHARLET.

97 — Soldats en vedette. Dessin.

98 — Soldats arrêtés près d'une chaumière. Dessin.

FIOCCHI, d'après COURT.

99 — Sujet oriental. Miniature.

GÉRICAULT.

100 — Esclaves romains couchés près d'un palais.

101 — Les Pestiférés.

ISABEY PÈRE.

102 — Portrait d'une dame et de son enfant. Esquisse.

MARILHAT.

103 — Environs du Caire. Étude.

MEISSONNIER.

104 — Le Massacre des Vêpres siciliennes. Dessin capital. Sépia rehaussée.

ROUSSEAU (THÉODORE).

105 — Chênes dans la lande au bord d'un lac.

106 — Sous ce numéro, les tableaux omis.

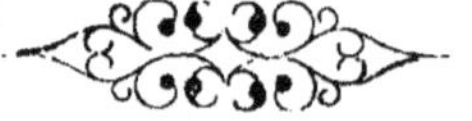

RENOU et MAULDE, Imprimeurs de la Compagnie des Commissaires-Priseurs, rue de Rivoli, 144.   16357